SACIMATA MUSIL

AF282441

SCHMETTERLINGE
sind meine Gedanken ...

Sacimata Musil

SCHMETTERLINGE
sind meine Gedanken ...

Über Geburt und Tod und

Verwandlung

Ein spirituelles Lesebuch

Bibliographische Information
der Deutschen Nationalbibliothek:
Die Deutsche Nationalbibliothek verzeichnet diese
Publikation in der Deutschen Nationalbibliographie;
detaillierte bibliographische Daten sind im Internet
über http://dnb.d-nb.de abrufbar.

Umschlaggestaltung, Herstellung und Verlag:
Books on Demand GmbH, Norderstedt

ISBN 978-3-8370-3098-3

Inhalt

Zum Geleit   **9**

1. Kapitel „Im Innern der Reife"   **11**
Der erste Schrei   12
Was ist das Leben?   13
Anfang des Weges   14
Märzsonne   15
Über die kosmische Ordnung   17
Die gemeinsame Wurzel   20
Die leere Zeile   22
Sich selber finden   23
Die Stunde X   24
Lernt, wie man glücklich wird   25
Sehnsucht   26
Drei Tanka   27

2. Kapitel „Schläft ein Lied in allen Dingen" **29**
Gleichnis   30
Träumereien im Park(bei der Pagodenburg)   31
Auf einen Pfau   34
Der Schmetterlingstraum   35
Der große Falter   36
Die innere Stimme   41
Wer ich bin   42
Licht-Träger der Hoffnung   43

Auf unseren Straßen 44

Am Gipfel-Kloster 45

Schließ um mich Deinen Mantel fest 46

3. Kapitel „Wohin gehen wir?" 49

Begegnung 50

Heimweh der Seele 51

Was ist die „Rückkehr"? 52

Zwei Gesänge an den Cherub 53

Das Unbegreifliche(Acynthia) 55

Ich bin ein Gast auf Erden 57

Und auf einmal steht es neben dir 60

Gott kommt wie ein Hauch 61

Ich sah des Sommers letzte Rose 62

Eine Rose vom Grabe Homers 63

Das Geheimnis des Lebens 66

Warum denkt Ihr nicht daran? 68

Beruhige Dein Herz 69

4. Kapitel „Suche in stürmischen Zeiten" 71

In einer schnellen Zeit 72

Immer wieder: alles loslassen 73

Der Tod eines Schmetterlings 74

Wie eine Welle 77

„Das Wesentliche ist für die Augen
unsichtbar" 78

Die zwei Parallelen 80

Zwischen Ein- und Ausatmen 81

Der Himmel kommt zur Erde: 82

Meine Toten   84
Leben aus dem Geiste   86
Kommt der Tod am Lebensende   88
Wenn ein jeder eine Blume pflanzte   89
Der Weihnachts-Stern   90
Das Abendmahl   91
Weisheits-Spuren   92
Komme, was mag!   93

Nach-Wort   **94**

Quellenhinweis Bild / Text   **96**

Dank   **101**

Index   **102**

Zum Geleit

„Es ist meine Hoffnung,
daß wir aufwachen
aus dem Traum,
isolierte Einzelwesen zu sein
und die Kräfte in uns wecken,
die uns heilen."

P. Willigis Jäger
(geb. 1925)

1. Kapitel

„Im Innern der Reife
ruht der ursprüngliche
Same, nur unendlich
vermehrt.“

Rainer Maria Rilke
(1875 - 1926)

Der erste Schrei

Wenn die Seele auf der Erde geboren wird, ist ihr erster Ausdruck ein Schrei. Warum schreit sie? – Weil sie sich an einem neuen Ort findet, an dem ihr alles fremd ist. Sie findet sich in Gefangenschaft, die sie zuvor nicht erfahren hat.

Jeder Mensch, jeder Gegenstand ist neu und der Seele fremd. Aber dieser Zustand geht bald vorüber. Die Sinne des Kindes werden bald vertraut mit dem äußeren Leben, das beständig seine Aufmerksamkeit anzieht. Es beginnt zu atmen und hört Geräusche, es sieht Gegenstände vor sich und möchte sie berühren und schmecken. Je vertrauter die Seele mit der physischen Welt wird, desto interessanter wird sie. Doch manchmal hat sie Heimweh, das sich im unbegründeten Weinen des Säuglings zeigen kann. Er weint nicht nur aus Hunger oder wegen Unwohlseins. Er weint oftmals aus dem Gefühl heraus, daß er einen Ort verlassen musste, der angenehmer war und nun in ein Land gekommen ist von dem er so wenig weiß.

Hazrat Inayat Khan
(1882 - 1927)

Was ist das Leben?

Was ist das Leben?
Es ist der Atem eines Bisons im Winter.
Es ist der kleine Schatten,
der in den Gräsern wandert
und sich bei Sonnenuntergang verliert.
Es ist das Funkeln eines Glühwürmchens
in der Nacht.

Chief Crowfood

Nutze die Augenblicke der Stille,
um in dich hineinzulauschen,
um die tiefen Quellen hinter den
unnützen Gedanken und dem
Übermaß der Worte zu suchen.

Indianische Weisheit

Anfang des Weges

Er las die Tage als Buch –
und sah
wie die Welt zur Laterne wird,
in der Heimat seiner Bitternis
sah er
wie der Horizont als Freund
zu ihm kommt
sah er
das Gesicht des Feuers,
das Gesicht der Poesie –
als Weg.

Adonis (Ali Ahmed Said)
geb. 1930 in Syrien

Märzsonne

Trunken von früher Glut
taumelt ein gelber Falter.
Sitzend am Fenster ruht
schläfrig gebückt ein Alter.

Singend durchs Frühlingslaub
ist er einst ausgezogen,
so vieler Straßen Staub
hat sein Haar überflogen!

Zwar der blühende Baum
und die Falter, die gelben
scheinen gealtert kaum,
scheinen heut' noch dieselben.

Doch es sind Farben und Duft
dünner geworden und leerer,
kühler das Licht und die Luft
strenger zu atmen und schwerer.

Frühling summt bienenleis
seine Gesänge, die holden.
Himmel schwingt blau und weiß,
Falter entflattert golden.

Hermann Hesse
(1877 - 1962)

Mehr als die Erde,
spricht uns die Seele
vom Wunder
das alle Dinge bewegt.
Wir streifen umher
mit unserem Zeugenselbst
inmitten der ungeheuren
Verschwiegenheiten.

Kalima Vogt
(geb. 1943)

Über die kosmische Ordnung

Das Wort *Kosmos* bedeutet Ordnung, etwas Geordnetes. Das Wort *Chaos* bedeutet etwas Ungeordnetes, etwas wild und planlos durcheinander Wirbelndes.

Ein Mensch nun, der sich bemüht in volle Harmonie mit den göttlichen Urkräften des Kosmos zu kommen, muß sich bestreben in seinem Leben eine gewisse Ordnung und Folgerichtigkeit herzustellen. Daß Ordnung und Planmäßigkeit viel Zeit und nutzlose Mühe ersparen, ist eine Binsenweisheit.

In der gesamten Natur um uns und draußen im Kosmos herrscht das *Gesetz des Rhythmus*, des Auf und Ab, der Tätigkeit und der schöpferischen Pause, des Wachsens und des Absterbens usw.

Zum Glücklichsein und Glücklichwerden des Menschen gehört die Einsicht, daß er in seinem persönlichen Leben dieses Gesetz der kosmischen Rhythmik beachtet und nicht verletzt.

Alles im Universum ist der *steten Wandlung* unterworfen, und deshalb kann auch im Menschenleben kein Zustand auf Dauer bestehen bleiben. Der Mensch kann nicht immer jung sein und bleiben, kann nicht immer nur berufliche Höhepunkte und

Liebesekstasen erleben, sondern muß wissen, daß die Schwingungen im Universum aus Wellenbergen und Wellentälern bestehen, die einander abwechseln. Jeder Wellenberg trägt zwangsläufig die Tendenz zum Abflauen in sich, jedes Wellental die zum Wiederanstieg.

Und weil das so ist, wird jeder *Neugeistler* das Auf und Ab in seinem Leben, das Aufeinanderfolgen von positiven und negativen Erscheinungen bejahen, wird nicht in Verzweiflung ausbrechen, wenn etwas, das ihm das Schicksal geschenkt hat, ihm wieder genommen wird.

Eine endlose Zustands-Erhaltung wäre das Ende allen Lebens.

Die Schaffung von Ordnung im persönlichen und familiären Leben setzt voraus, daß eine gewisse Vorausplanung gemacht ist.

Wir sprechen ja auch von einem Schöpfungsplan Gottes, der dem Funktionieren des Kosmos vom Atom bis zum Spiralnebel zugrunde liegt. Glück, Harmonie und Zufriedenheit können kein chaotisches Durcheinander als Ausgangsbasis haben.

Deshalb wird der *Neugeistler* bestrebt sein, auch in seinem Leben eine gewisse Planmäßigkeit zu erreichen.

Das Wesen des Lebens und Lebendigseins ist irrational und letztlich eine unablässige Folge von Überraschungen und wunderbaren Ereignissen.

Glücklich zu preisen sind Menschen, die noch die Fähigkeit besitzen, über diese ständige Kette von Lebenswundern zu staunen und Gott dafür zu danken.

Masaharu Taniguchi
(1893 - 1985)

Die gemeinsame Wurzel

Wenn wir beim Zazen ein Ziel vor Augen haben, kommen wir nicht voran. Wenn wir keines haben, erkennen wir unser Nichts. Dann können wir gelassen sein.

Beim Zazen ist man weder zufrieden noch traurig, man ist ohne Emotion, wie aus Eis. Nichts! Das ist diamantene Reinheit.

Die wahre, alles umfassende Liebe entspringt aus dem Bewusstsein unserer gemeinsamen Schöpfung – durch die kosmische Ordnung. Die anderen Wesen sind nicht grundsätzlich von uns verschieden. Wir sollten dazu beitragen, daß sie sich stark fühlen.

Die höchste Liebe und wahre Weisheit besteht darin, mit den anderen die gemeinsame Wurzel des Lebens zu finden.

Wenn unsere Persönlichkeit sich vollkommen entwickelt hat, entsteht eine tiefe Furche im sozialen Umfeld. Das bedeutet nicht, daß man hinausragen sollte – im Gegenteil. Man sollte sein kleines Ich fallen lassen. Dann ist es möglich sich zu harmonisieren und in die kosmische Energie einzutauchen.

Taizen Deshimaru-Roshi
(1979 verstorben in Europa)

Heute spricht mein Geist
in Dein tiefes Meer hinab,
sucht in aller Stille
nach den Perlen Deiner Liebe.
Wenn ich sie nicht finde,
ist Dein Meer nicht schuld daran –
ich beherrsche nur die Kunst
des Tauchens nicht.

Paramahansa Yogananda
(1893 - 1952)

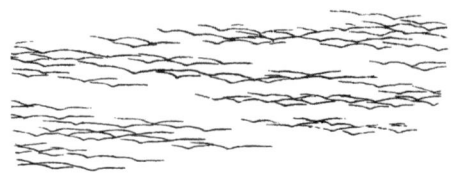

Die leere Zeile

Am anderen Ufer –
du musst sie bebauen:
mit der Fracht
aus Wolkenschiffen,
mit dem Samen
von Löwenzahn.

Bezeichne den Horizont,
jene schmale Linie
zwischen Himmel
und Erde.
Dort bring ein,
was du verloren hast.

Sprich das Wort
Und hauche es an,
es ist dein!
Dein Schöpfungstag.

Du wirst im Unbekannten
wohnen – dort
wächst es dir zu,
das verheißene Land.

Monika Taubitz
(geb. 1937)

Sich selber finden

Ich weiß nicht, was ich in Wahrheit will oder nicht will, fühle oder nicht fühle, glaube oder nicht glaube.
Ich verliere mich in den Dingen, weil ich mich selbst verliere.

Die Lösung: Die Rettung besteht darin, daß man sich findet, wieder mit sich überein stimmt, mit sich im Klaren ist, was die wirkliche Haltung gegenüber den einzelnen Dingen ist.

José Ortega y Gasset
(1883 - 1955)

Die Stunde X

In die Knie gezwungen
das Gesicht
nur notdürftig
vom Arm gedeckt
mit abwehrender Hand
erleben wir alle
irgendwann allein
unsere Stunde X,
einzige Gerechtigkeit.

Wir werden sie niemals
unverändert
überstehen.

Christiane Steger
(geb. 1946)

Lernt, wie man glücklich wird

Wir sollten lernen, wie man glücklich wird, dann brauchen wir nie wieder traurig zu sein. Jetzt sind wir traurig, weil wir erst in der Lehre sind. Wir werden darin ausgebildet, wie wir für immer glücklich sein können.

Wenn Ihr irgendwann Kummer, Enttäuschung oder Sorge empfindet, dann erinnert euch daran, daß Ihr lediglich mehr Übung braucht und gerade erst dabei seid, die eine große Lektion des Lebens zu lernen, nämlich wie man glücklich ist.

Glück sollte ein Bestandteil unseres Daseins sein. Andernfalls wird uns die Traurigkeit wie ein Netz aus Sorgen und Enttäuschungen einhüllen.

Jahre und Jahrhunderte lang haben wir gelitten; aber dieser menschliche Körper ist ein Schulungszentrum, in dem wir lernen können, vollkommenes dauerhaftes Glück zu erlangen.

Sant Thakar Singh
(1929 - 2005)

Sehnsucht

Meine Hände beben,
sie sind so schwer.
Der Raum, den sie heben,
ist leer —

Die klaren Fernen
wann sind sie mein?
Ein Stern unter Sternen
möchte ich sein!

Meine Lieder tönen
noch so groß —
Nur mein Sehnen
ist körperlos ---

Maria Bierbaum
(1897 - 1985)

Drei Tanka

Dieser klare Bach,
der am Ende münden wird
in das große Meer —
Eine ganze Strecke Wegs
rinnt er unter welkem Laub.

Ban Kökei
(1732 - 1896)

Ob er noch so fern
an dem hohen Himmel steht,
schickt der volle Mond
seine Strahlen auch
in des Meeres
tiefen Grund!

Kaiser Meiji
(1852 - 1912)

Wenn auch nur ein Mensch
an den Versen, die ich schrieb
seine Freude hat,
geh' ich ruhig in den Tod,
weil ich nicht umsonst gelebt.

Ochlai Naobumi
(1861 - 1903)

2. Kapitel

„Schläft ein Lied in allen Dingen,
die da träumen fort und fort,
und die Welt hebt an zu singen,
triffst Du nur das Zauberwort."

Joseph von Eichencorff
(1788 - 1857)

Gleichnis

Blätter wehen vom Baume,
Lieder vom Lebenstraume
wehen spielend dahin.
Vieles ist untergegangen
seit wir zuerst sie sangen.
Sterblich sind auch die Lieder
keines tönt ewig wieder,
alle verweht der Wind;
Blumen und Schmetterlinge,
der unvergänglichen Dinge
flüchtiges Gleichnis sind.

Hermann Hesse
(1877 - 1962)

Träumereien im Park

(bei der Pagodenburg)

Schmetterlinge
sind meine Gedanken;
ich sende sie aus:
samtbraun – pfauenblau –
goldgepunktet –

Sie segeln zu dir
in den Park –
aber du siehst sie nicht.
Sie fliegen vor deiner Tür,
deiner goldgeschnitzten Tür
auf und ab –
aber deine Tür ist verschlossen.

Einer möchte sich
auf deine Hand setzen,
die den Pinsel führt,
oder auf das leere Blatt
auf deinem Lacktisch,
aber er ist verschlossen.

Schmetterlinge
sind meine Gedanken.

Sie tanzen vor deinem Fenster
eine Blütenmelodie —
aber du hörst sie nicht —
dein Fenster ist verschlossen —

Wie lange noch?
Wie lange, mein Prinz,
glaubst du, leben
Schmetterlinge
nach ihrem ersten Flug?

Seidenfäden
sind meine Gedanken —
sie sticken Schmetterlinge
auf deinen Kimono
samtbraun — pfauenblau —
goldgepunktet
Aber du fühlst sie nicht!

Einmal –
wirst du öffnen die Burg,
das Fenster zum Park,
den Lacktisch –
wenn du das Pfauenauge
erkannt hast –

Dann –
wirst du den Pinsel
in frische Tusche tauchen,
wenn der Schmetterling wie
ein totes Blatt auf dein Papier fällt –

aber dann,
erreichst du mich
nicht mehr.

Liselott Musil
(geb. 1927)

Auf einen Pfau

Gekrönter Vogel –
Zierde in fürstlichen Parks.
Auf weißen Wegen
trägst du die Federnschleppe
rund um die Fontäne.

Blau, grün und goldbraun
schimmert dein Festkleid.
Nun schlägst du dein Rad.
Dein Fächer aus blauen Augen
gleißt wie die Sonne!

In fernen Gärten
und fernöstlichen Tempeln
das gleiche Ritual:
Der göttliche Tanz
als Lobpreis des Lichts!

Da – ein heiser Schrei –
die Sonne geht auf
und der Traum versinkt.

Sacimata Musil

Der Schmetterlingstraum

Einst träumte dem Gelehrten Dschuang Dsi, daß er ein Schmetterling sei, ein flatternder Schmetterling, der sich wohl und glücklich fühlte. Er wusste nichts von Dschuang Dsi. Plötzlich wachte er auf.

Nun weiß ich nicht, ob Dschuang Dsi geträumt hat, daß er ein Schmetterling sei oder ob der Schmetterling geträumt hat, daß er Dschuang Dsi sei – obwohl doch zwischen Dschuang Dsi und dem Schmetterling sicher ein beträchtlicher Unterschied besteht.

So ist es mit der Wandlung der Dinge!

Dschuang Dsi
(um 330 v. Chr.)

Der große Falter

Im Orient, sagt man, daß die schönsten Prinzessinnen oft nicht heiraten wollen oder von den Familien aus nicht dürfen. So auch in der folgenden Geschichte:

Ein junger Prinz oder „Padischa" ging auf Reisen und wollte seine angebetete Prinzessin wenigstens von Weitem sehen. In jener fremden Stadt, wo sie leben sollte, verdingte er sich als Gärtnerlehrling in den königlichen Gärten.

Da er aus dem Lande „Gülistan" kam, was Rosenland bedeutet, verstand er viel von Blumen. So hatte ihn der alte Gärtner gern. Unter seiner liebevollen Pflege verdoppelte sich die Blütenpracht. Der Gartenmeister erzählte dem Jungen so manches aus dem Königspalast. So erfuhr er bald, wo und wann er der schönen Königstochter begegnen sollte. Hinter einem Busch versteckt sah er eines Tages die „Narzissenäugige".

Sie war tausendmal schöner als ihr Ruf und seine Gedanken kreisten wie ein Nachtfalter um die rosenwangige Angebetete. Wenn es seine Zeit als junger Gärtner zuließ, sann er darüber nach, wie er der Prinzessin heimlich eine Nachricht zusenden könnte. Doch es fiel ihm nichts ein in seinem Versteck.

Da kam ein kleiner Schmetterling geflogen, setzte sich auf seine Brust und flüsterte ihm zu: „Füttere mich bitte, ich will größer werden!" Und der Padischa brachte ihm Blumen und der Falter trank Nektar daraus. Jeden Tag wiederholte sich die Fütterung mit Blumen und der Falter wuchs von Mal zu Mal. Es dauerte eine Weile bis der Schmetterling riesengroß war und nicht übersehen werden konnte.

Niemand hatte je einen so glänzenden Falter gesehen. Er segelte über den Garten dahin und in eine Ecke des Palastes, wo die Prinzessinnen mit ihren goldenen Bällen spielten. „Ach," riefen sie alle, „ein Zauberfalter aus dem Märchenland besucht uns." Der Falter schwebte langsam auf die Schulter der Nazissenäugigen und flüsterte ihr etwas ins Ohr. Dabei gab er ihr einen zarten Schmetterlingskuss. Dann flog er wieder davon. Die Auserwählte wollte ihren Schwestern und Freundinnen nicht verraten, wie die Botschaft geheissen hatte. Doch alle machten sich natürlich ihre Gedanken.

Als die Nacht hereinbrach und ein leuchtender Vollmond über dem Garten erschien, sah er zu seinem Erstaunen einen kleinen Mond in den königlichen Gärten umher wandern und in einem Rosenbusch verschwinden.

Neugierig näherte er sich dem Busch. Das hätte er besser nicht tun sollen, denn in seinem hellen Licht sah er – und sahen alle Prinzessinnen, der ganze Hofstaat und vor allem das Königspaar, wie der Gärtnerjunge und die Narzissenäugige Hand in Hand und Wange an Wange in der Rosenlaube saßen.

"Wie könnt Ihr so etwas wagen!" rief der König und bebte vor Zorn. Doch der junge Gärtner und Prinz sprach: „Ich bin der Padischa aus dem Rosenland, und ich möchte eure schöne Tochter, die Narzissenäugige zu meiner Gemahlin machen." Da staunte der König nicht schlecht. Er sagte: „Ich sehe, daß du von hohem Geblüt stammst. Aber bist du auch klug? Beantworte mir bitte die Frage: Was ist das höchste Gut auf Erden?"

Da musste der junge Prinz nicht lange überlegen und antwortete anmutig:

"Die Liebe ist das Licht der Welt,
durch sie nur wird das Leben heller.
Die Liebe ist das Zuckerwerk
und alles andere nur der Teller!"

Mit dieser Antwort waren der König und die Königin und sein ganzer Hofstaat aufs höchste zufrieden.

Die Verlobung wurde ein Fest wie Milch und Honig, und es wurde erzählt, daß die Rosen im Garten dieser Liebe nie verblühten.

Orientalisches Märchen
(nacherzählt von Linde Thylman)

*Inneren Reichtum
erlangt man, wenn man
täglich dafür sorgt,
daß im Garten des Herzens
die Liebe gedeiht.*

Chao-Hsiu Chen
(geb. in Taiwan)

Die innere Stimme

"Die *innere Stimme* ist etwas, das man nicht mit Worten beschreiben kann. Aber manchmal haben wir das sichere Gefühl, daß uns irgendetwas innerlich drängt, etwas Bestimmtes zu tun.

Der Zeitpunkt, an dem ich lernte, diese Stimme wahrzunehmen, war auch – so kann ich sagen – der Zeitpunkt, an dem ich anfing regelmäßig zu beten (Das war um das Jahr 1906). Dennoch gab es keinen bestimmten Augenblick, zu dem ich plötzlich das Gefühl gehabt hätte, eine neue Erfahrung zu machen. Ich glaube eher, daß mein spirituelles Leben gewachsen ist, ohne, daß ich mir dessen bewusst gewesen bin – so wie das Haar auf dem Kopf wächst."

"Ich kann dir nicht wirklich helfen, wenn du keinen Glauben an Gott hast; und wenn du an Gott glaubst, brauchst du meine Hilfe nicht. Darum gebe ich dir den Rat, an Gott zu glauben und folglich auch an das Gebet. Dann wirst du feststellen, daß alle schlechten Gedanken von dir abfallen und allmählich Schritt für Schritt der Friede des Geistes Macht über dich gewinnt."

Mahatma Gandhi
(1869 - 1948)

Wer ich bin

Je näher ich mir komme,
desto mehr enthüllt sich der Mensch
in mir, der Mensch
und ich selbst als das Tor
eines Wiederfindens,
ein Zuhause in der Woge des Seins.

Laßt mich nie abwandern in die
Weltverkleinerung, denn nur
aus meinem sternklaren Standort
heraus, kann ich leben und sein,
wer ich bin.

Kalima Vogt
(geb. 1943)

Licht-Träger der Hoffnung

Wenn du versuchst, so zu leben, wie Gott dich gemeint hat; wenn du dein ursprüngliches Bild in dieser Welt sichtbar werden lässt, dann trägst du dazu bei, daß diese Welt heller wird.

Wenn wir miteinander so leben, wie Gott es uns zutraut, dann werden wir immer mehr die Nacht dieser Welt erleuchten und zu Licht-Trägern der Hoffnung werden.

Dort, wo du lebst, leuchtet dann mitten in der Nacht ein Stern, auch wenn er noch so klein ist. Aber dieser eine Stern verwandelt die Nacht.

P. Anselm Grün
(geb. 1945)

Auf unseren Straßen

begegnen wir Menschen,
junge und alte,
gesunde und kranke,
arme und reiche,
heimische und fremde.

Begreifen wir,
daß alle unsere Schwestern
und Brüder sind?

Niemand ist so arm,
daß er nicht etwas
zu geben hätte.

Niemand ist so reich,
daß er nichts
zu empfangen hätte.

Helder Camara
(1909 - 1999)

Am Gipfel-Kloster

Hier, am Gipfel-Kloster
  nächtens ich stand
ich konnte Sterne berühren
  mit meiner Hand.

Ein Schweigen war;
  ich wagte zu flüstern kaum,
aus Angst, ich schrecke die Engel
  in ihrem Traum.

Li Tai Bo
(702 - 763 n. Chr.)

Schließ um mich Deinen Mantel fest

Ich suche aller Landen eine Stadt,
die einen Engel vor der Pforte hat.
Ich trage seinen großen Flügel
gebrochen schwer am Schulterblatt
und in der Stirne seinen Stern als Siegel.

Und wandle immer in der Nacht...
Ich habe Liebe in die Welt gebracht,
daß blau zu blühen jedes Herz vermag,
und hab ein Leben müde mich gewacht,
in Gott gehüllt den dunklen Atemschlag.

Gott, schließ um mich deinen Mantel fest!
Ich weiß, ich bin im Kugelglas der Rest.
Und wenn der letzte Mensch die Welt verlässt
Du mich nicht wieder aus der Allmacht lässt
und sich ein neuer Erdball um mich schließt.

Else Lasker-Schüler
(1876 - 1945)

3. Kapitel

„Wohin gehen wir?
Immer nach Hause.“

Novalis
(1772 - 1801)

Begegnung

Dein Blick zieht
in den Brunnenschacht
vergangener Leben –
taucht in die Fluten
des Gegenwartstroms
aus Verzicht
und Vergessen –
weist in das künftige
Licht –
zu den Gestirnen
des Herrn!

Sacimata Musil

Heimweh der Seele

"Ich bin wie eine Brieftaube, die man vom Urquell der Dinge in ein fremdes Land getragen und dort frei gelassen hat.

Sie trachtet ihr ganzes Leben nach der einstigen Heimat; ruhelos durchmisst sie das Land nach allen Seiten. Und oft fällt sie zu Boden in ihrer großen Müdigkeit, und man kommt, hebt sie auf, pflegt sie und will sie ans Haus gewöhnen.

Aber sobald sie die Flügel nur wieder fühlt, fliegt sie von Neuem fort, auf die einzige Fahrt, die ihrer Sehnsucht genügt, die unvermeidliche Suche nach dem Ort ihres Ursprungs."

Christian Morgenstern
(1871 - 1914)

Was ist die „Rückkehr"?

Wohin kehren wir zurück? Wann kehren wir zurück?

Die Rückkehr beginnt zu der Zeit, wenn die Blume zu ihrer vollen Blüte gelangt ist, zu der Zeit, wenn das Ziel, die Aufgabe, für welche die Seele auf Erden geboren wurde, erfüllt ist.

Dann gibt es nichts mehr zu halten, und die Seele zieht sich natürlich zurück, so wie der Atem ausgeatmet wird.

Aber stirbt der Mensch, wenn er ausatmet? Nein. So stirbt auch die Seele nicht, wenn sie sich zurückzieht, obwohl es scheinbar für den sterbenden Menschen und für diejenigen, die bei ihm wachen, den Eindruck des Todes macht.

Hazrat Inayat Khan
(1882 - 1927)

Zwei Gesänge an den Cherub

I

Es ist daß Du alles verwandelst in mir,
ob Freude ob Qual selbst die Tat meiner
zagen Hände erhebst Du in Deinem Saal.

Die Stimme des zweifelnden Herzens —
wird von Dir wie Abendwind

aus meinen Ängsten noch —
pflückst Du Früchte, die lieblich sind
wie der Engel frommes Beginnen
ihres Herzens sicherer Schlag

Mir ist als schöpftest Du spielend
aus Finsternissen den Tag!

II

Dies ist der Tag, da Deine Seele flammt –
ein Stern in abendlicher Weite

Ich neige mich, daß er sich um mich breite,
Ich öffne Dir die Schale meiner Hand,
daß Du mit Deinem Glanz sie überfließest
und trinke wie von eines Brunnens Rand
aus ihr, die Du erblühen ließest.

Maria Bierbaum
(1897 - 1985)

Das Unbegreifliche
(Acynthia)

Sternfunkenpfeile
von blitzender Pracht
trafen mein Auge
am Saum der Nacht –
rissen es auf
in stechendem Schmerz –
zwangen zum Sehen
himmelwärts:

Da ward der Himmel
plötzlich überzogen
von vielen Rauten
endlos an der Zahl –
sie hielten farbig sich
am Himmelsbogen –
in allen Tönen
wunderbar –

und als ich ganz
dem Staunen hingegeben
nun sah das Netz
aus vielen tausend Augen

sah ich das Deine
mittendrin fragend:
ob ich erkenne
was ich schaue –

und als ich stumm
den Teil der Größe ahnte –
die Du mir gütig offenbart –
flammte DEIN AUGE Regenbogen
und bot sich
meinem kleinen Auge
gar noch als
FEUERWOLKE dar ---

Sacimata Musil

Ich bin ein Gast auf Erden

Ich bin ein Gast auf Erden
und hab hier keinen Stand;
der Himmel soll mir werden,
da ist mein Vaterland.
Hier reis' ich bis zum Grabe;
dort in der ew'gen Ruh
ist Gottes Gnadengabe,
die schließt all Arbeit zu.

So will ich zwar nun treiben
mein Leben durch die Welt,
doch denk ich nicht zu bleiben
in diesem fremden Zelt.
Ich wandre meine Straße,
die zu der Heimat führt,
da mich ohn' alle Maße
mein Vater trösten wird.

Du aber, meine Freude,
Du meines Lebens Licht,
Du ziehst mich, wenn ich scheide,
hin vor Dein Angesicht,

ins Haus der ew'gen Wonne,
da ich stets freudenvoll,
gleich wie die helle Sonne
mit andern leuchten soll.

Paul Gerhardt
(1607 - 1676)

Niemanden hassen,
jeden belassen
in seinem Wesen.
In jedem lesen
die ewige Meinung.
Das macht genesen
zum Allumfassen
zur All-vereinigung

Christian Morgenstern
(1871 - 1914)

Und auf einmal steht es neben dir

Und auf einmal merkst du äußerlich:
Wieviel Kummer zu dir kam,
wieviel Freundschaft leise von dir wich.
Alles Lachen von dir nahm.

Fragst verwundert in die Tage
doch die Tage hallen leer.
Dann verkümmert deine Klage ...
Du fragst niemand mehr.

Lernst es endlich dich zu fügen,
von den Sorgen gezähmt,
willst dich selber nicht belügen
und erstickst es, was dich grämt.

Sinnlos, arm erscheint das Leben dir,
längst zu lang ausgedehnt.
Und auf einmal – : Steht es neben dir,
an dich angelehnt –

Was? – Das, was du so lang ersehnt.

Joachim Ringelnatz (Hans Böttcher)
(1883 - 1934)

Gott kommt wie ein Hauch

„Der ist töricht, der von Gott eine Antwort erwartet. Wenn Er dich aufnimmt, wenn Er dich heilt, so geschieht es, weil Er mit Seiner Hand deine Fragen gleich dem Fieber von dir nimmt. So ist es!"

„... Und Gott lernst du nur kennen, wenn du dich in Gebete versenkst, auf die dir keine Antwort
zuteil wird."

„Was aber dem Leben Sinn verleiht, gibt auch dem Tod Sinn. Es ist leicht zu sterben, wenn es in der Ordnung der Dinge liegt.
Es ist nicht so schwer für den Bauern aus der Provence, wenn er am Ende seines Waltens seinen Besitz an Ziegen und Ölbäumen seinen Söhnen übergibt, damit diese einst den Kindern ihrer Kinder weiterreichen.
In einer Bauernsippe stirbt man niemals ganz.
Jedes Leben zerspringt wie eine Schote, die ihre Körner abgibt."

Antoine de Saint-Exupéry
(1900 - 1944)

Ich sah des Sommers letzte Rose

Ich sah des Sommers
    letzte Rose stehen
Sie war, als ob sie bluten könnte,
    rot.
Da sprach ich schaudernd
    im Vorübergehen:
So weit im Leben,
    ist so nah am Tod.

Es regte sich kein Hauch
    am heißen Tag.
Nur leise strich
    ein weißer Schmetterling,
doch ob auch kaum die Luft
    sein Flügelschlag bewegte,

Sie empfand es und verging.

Friedrich Hebbel
(1813 - 1863)

Eine Rose vom Grabe Homers

In allen Gesängen des Orients ertönt die Liebe der Nachtigall zur Rose – in den schweigenden, sternenhellen Nächten bringt der geflügelte Sänger seiner duftenden Blume eine Serenade.

Nicht weit von Smyrna, unter den hohen Platanen, wo der Kaufmann seine beladenen Kamele treibt, die stolz ihren langen Hals erheben und plump auf einen Boden treten, der heilig ist, sah ich eine blühende Rosenhecke; wilde Tauben flogen zwischen den Zweigen der hohen Bäume und ihre Flügel schimmerten, während ein Sonnenstrahl über die Flügel hinglitt, als wären sie von Perlmutter.
Die Rosenhecke trug eine Blüte, die unter allen die schönste war, und ihr sang die Nachtigall ihren Liebesschmerz; aber die Rose schwieg, nicht ein Tautropfen lag als Träne des Mitleids auf ihren Blättern. Sie beugte sich unter dem Zweige hinab über einige große Steine.
"Hier ruht der Erde größter Sänger", sagte die Rose, "über seinem Grabe will ich duften, auf dieses meine Blätter streuen, wenn der Sturm mich entblättert. Der Sänger der Iliade wurde zu Erde

in dieser Erde, der ich entsprieße" – Ich eine Rose vom Grabe Homers, bin zu heilig, um für eine arme Nachtigall zu blühen." Und die Nachtigall sang sich zu Tode.

Der Kameltreiber kam mit seinen beladenen Kamelen und seinen schwarzen Sklaven; sein Söhnchen fand den toten Vogel und beerdigte den kleinen Sänger im Grabe des toten Homer; die Rose bebte im Winde. Der Abend kam, die Rose schloß ihren Kelch und träumte:

Es war ein schöner, sonnenheller Tag; eine Schar fremder, fränkischer Männer nahte. Sie hatten eine Pilgerreise zum Grab Homers unternommen. Unter den Fremden war ein Sänger aus dem Norden, aus der Heimat der Nebel und des Nordlichts. Er brach die Rose ab, presste sie fest in ein Buch und führte sie so mit sich in einen anderen Weltteil, in sein fernes Vaterland. Die Rose welkte aus Kummer und sagte: *„Hier ist eine Rose vom Grabe Homers."*

Das träumte die Blume und sie erwachte und zitterte im Winde. Ein Tautropfen fiel von ihren Blättern auf das Grab des Sängers. Die Sonne ging auf und schöner als zuvor glühte die Rose. Es wurde ein heißer Tag. Sie war in ihrem warmen Asien.

Da wurden Fußtritte laut, fremde Franken kamen, wie die Rose sie im Traum gesehen. Und unter den Fremden war ein Dichter aus dem Norden. Er brach die Rose ab, drückte einen Kuss auf ihren frischen Mund und führte sie mit sich in die Heimat der Nebel und des Nordlichts.

Als eine Mumie ruht nun die Blumenleiche in seiner Iliade und wie im Traum hört sie ihn das Buch öffnen und sprechen: *„Hier ist eine Rose vom Grabe Homers!"*

Hans Christian Andersen
(1805 - 1875)

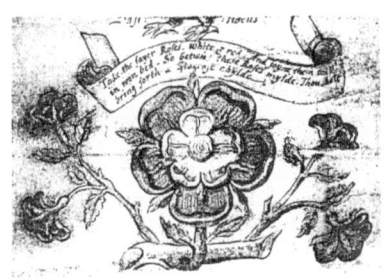

(Die alchimistische weißrote Rose)

Das Geheimnis des Lebens

liegt darin, unseren Geist auf Wachstum auszurichten. Natürlich ist das Geheimnis des Lebens kein Geheimnis. Lehrer wie Buddha und Jesus haben uns seit Jahrtausenden die gleiche Geschichte erzählt. Jetzt hat es auch die Wissenschaft gemerkt. Nicht unsere Gene, sondern unsere Überzeugungen steuern unser Leben. Oh ihr Kleingläubigen …

Dieser Gedanke ist eine gute Überleitung zum nächsten Kapitel („Intelligente Zellen"), in dem ich detailliert darstelle, wie ein Leben in Angst und ein Leben in Liebe und Frieden gegensätzliche Wirkungen im Körper und Geist auslöst. Bevor wir dieses Kapitel abschließen, möchte ich noch einmal unterstreichen, daß es kein Fehler ist, mit der sprichwörtlichen rosaroten Brille durchs Leben zu gehen. Tatsächlich tut diese rosarote Brille Ihren Zellen außerordentlich gut.

Positive Gedanken sind eine biologische Voraussetzung für ein glückliches gesundes Leben.

In den Worten von Mahatma Gandhi:

„Deine Überzeugungen werden deine Gedanken
Deine Gedanken werden deine Worte
Deine Worte werden dein Handeln
Dein Handeln wird zu deinen
Gewohnheiten
Deine Gewohnheiten werden zu deinen Werten
Deine Werte werden zu deiner
Bestimmung."

Bruce H. Lipton Ph.D.
(Zellforscher USA, geb. 1944)

Warum denkt Ihr nicht daran?

„Alle Meister haben Nachdruck auf eure Aufmerksamkeit und eure Konzentration gelegt, damit ihr zu den höheren Horizonten aufsteigen könnt.
Aufmerksamkeit ist nichts anderes als ein Weg des Gedenkens.
Euer Bewusstsein muß mit den Horizonten verbunden bleiben und der Simran, das liebevolle Denken an Ihn, ist ein Weg, die Aufmerksamkeit nach oben zu lenken. Den einen, den ihr vergessen habt, solltet ihr im Gedächtnis behalten. Sein Andenken sollte beständig in Euch gegenwärtig sein, wie ein stetiger Prozeß. Er sollte alle vierundzwanzig Stunden des Tages beständig wirksam sein. Wie sehr ihr in Ihm eingetaucht bleibt oder wie sehr Er in Euren Gedanken bleibt, das ist der Schlüssel."

Sant Baljit Singh
(geb. 1962)

Beruhige Dein Herz

Laß' dich los!
Du darfst so sein wie du bist,
Ruhe dich aus,
Dann kannst du weiter gehen
auf dem Weg,
den du dir vorgenommen hast.
Aber jetzt genieße die Ruhe.
Komm mit dir in Einklang.
Wer mit sich in Einklang ist,
den bringt nichts mehr
aus der Ruhe.

P. Anselm Grün
(geb. 1945)

4. Kapitel

*„Suche in stürmischen Zeiten
nach Ruhe. Nur ein ruhendes
Gewässer wird wieder klar."*

Aus Tibet

In einer schnellen Zeit

Ich suche nach einem Ort des Halts
in dieser schnellen Zeit.
Ideen sind flüchtig und bald verworfen
Werte lösen einander ab.
Die Welt zerfällt in Ost und West,
in Nord und Süd,
in Arm und Reich.

Aber zum tausendsten Mal merke ich,
und es ist schmerzlich und tröstlich
zugleich,
daß nichts Halt gibt,
als das, was ich an Liebe,
Hoffnung und Glauben in mir trage.
Das sind Wurzeln,
die aus der Tiefe kommen
und quer durch die Erde
zum Himmel führen.

Ulrich Schaffer
(geb. 1942)

Immer wieder: alles loslassen

Stelle dir beim Beschließen deines Tages
vor, es wäre dein letzter Tag.
Das heißt: ich beende diesen Tag,
als ob es das Ende meines Lebens wäre.
Ich lege alles in Gottes gute Hand
diesen Tag, mich selbst, die Menschheit,
die mir lieb sind und mein ganzes Leben.

Ein solcher Beschluß des Tages ermöglicht dir
gleichzeitig einen neuen Anfang.
Und er gibt dir das Gespür, daß du immer wieder
alles loslassen solltest,
um dich in Gottes Hände zu ergeben.

Die Nacht erinnert an den Schlaf des Todes
und jeden Morgen erfährst du die Auferstehung
zu neuem Leben, das Gott dir ermöglicht.

P. Anselm Grün
(geb. 1945)

Der Tod eines Schmetterlings

Eine Schwabinger Malerin war nach dem Ableben ihres Gatten in eine ländliche Gegend umgezogen, südlich von München. Die Landschaft war ihr vertraut. Zahlreiche gemeinsame Wanderungen und Erinnerungen hatten sie erlebt.

Es hatte sich gefügt, daß sie eine preiswerte Atelierwohnung in einem alten Haus mieten konnte. Am Haus vorbei führte ein Kiesweg in ein Wäldchen hinauf, der zu einer alten Alm führte.

Yasmin, so hieß die Malerin, fühlte sich bald heimisch. Sie liebte diese Aussicht hinter ihrem Blumenbalkon. Weiße und samtig blaue Petunien dufteten da, rosa und rote Hängegeranien rankten am Holzgeländer – Bienen und Hummeln summten darin und mancher Zitronenfalter und Kohlweißling streifte vorbei. Zwei Sessel und ein rundes Teetischchen gehörten zu Yasmins Idyll. Die Balkontür stand meistens offen und wehte frischen Wind ins Zimmer.

An jenem Sommernachmittag, von dem ich berichten will, herrschte eine drückende Gewitterschwüle. Ein heftiger Windzug riß die ganze Balkontüre auf. Bevor Yasmin sie schließen konnte, segelte ein großer Schmetterling herein – besah sich die Wände und flog dann direkt auf die Staffelei zu. Dort befand sich eine Tuschskizze auf Reispapier.

Yasmin hatte versucht, eine innere Schau festzuhalten. Sie hatte sich durch ihre Intuition leiten lassen. Ein Buddha im Lotussitz entstand. Am Herzchakra war ein Einzelauge zu sehen. Normalerweise wird das Symbol eines Erleuchteten in der Stirnmitte dargestellt. Yasmin wollte das Auge in Regenbogenfarben malen. Der Schmetterling setzte sich nun wie ein Signum zu Füßen des gemalten Buddha. Es sah zauberhaft aus, fand Yasmin und freute sich über den Besuch des fein gezeichneten Schmetterlings. Sie hielt den Atem an.

Eine Weile ruhte sich der seltene Falter aus, doch dann wollte er loskommen. Doch bald zitterte er und mit ihm die Malerin um sein Leben. Die Reispapierfasern hielten ihn fest, ein Beinchen hatte sich darin verfangen.

Yasmin konnte nichts tun, wollte ihn auch nicht verletzen. Er musste aus eigener Kraft frei kommen. Doch vergebens. Bald hing er wie eine welke, schöne Blume am Bild, auch die nächsten Tage...

Yasmin war zu einem Wochenende zum Meditieren in den Taunus eingeladen. Auf einer alten Burg betreuten ein paar indische Mönche ihre Interessenten als Hausgäste. Sie wollte ein Gastgeschenk mitbringen. Der Blick fiel auf die Staffelei. Vorsichtig löste sie das Blatt ab und legte es in ihre Reisetasche.

Im Taunus wurde sie freundlich empfangen – mit ihrem Bild. Auf einem Tisch konnte sie ihr Bild von dem gemalten Buddha und dem echten Schmetterling auflegen. Alle Anwesenden umringten den Tisch und bestaunten das Bild und seine Entstehensgeschichte, die ja nicht alltäglich war.

Yasmin behielt ihren Besuch in liebevoller Erinnerung. Sie hat später nie danach gefragt, welchen Platz ihr Bild bekam oder ob es im Archiv aufbewahrt wurde. Sie war froh und glücklich und fand ihren weiteren Weg, der ihr bestimmt war.

LiselottMusil
(geb. 1927)

Wie eine Welle

Wie eine Welle, die vom Schaum bekränzt
aus blauer Flut sich voll Verlangen reckt
und müd' und schön im großen Meer verglänzt,

Wie eine Wolke, die im leisen Wind
hinsegelnd aller Pilger Sehnsucht weckt
und blaß und silbern in den Tag verrinnt

Und wie ein Lied am heißen Straßenrand
fremdtönig klingt mit wundersamem Reim
und dir das Herz entführt weit über Land,

So weht mein Leben flüchtig durch die Zeit;
ist bald vertönt und mündet doch geheim
ins Reich der Sehnsucht und der Ewigkeit.

Hermann Hesse
(1877 - 1962)

„Das Wesentliche ist für die Augen unsichtbar"

Ich habe es nicht gesehen, wie er sich in der Nacht auf den Weg machte. Er war lautlos entwischt. Als es mir gelang, ihn einzuholen, marschierte er mit raschem, entschlossenen Schritt dahin. Er sagte: "Ah, du bist da..." und er nahm mich bei der Hand. Aber er quälte sich noch „Du hast nicht recht getan. Es wird dir Schmerz bereiten. Es wird aussehen, als wär' ich tot, und das wird nicht wahr sein."
Ich schwieg.
"Du verstehst. Es ist zu weit. Ich kann diesen Leib da nicht mitnehmen. Er ist zu schwer." Ich schwieg.
"Aber er wird daliegen wie eine alte, verlassene Hülle. Man soll nicht traurig sein um solche alten Hüllen."
Ich schwieg.
Er verlor ein bisschen den Mut, aber er gab sich noch Mühe: „Weißt du, es wird allerliebst sein. Auch ich werde die Sterne anschauen. Alle Sterne werden Brunnen sein mit einer verrosteten Winde. Alle Sterne werden mir zu trinken geben..."
Ich schwieg.

"Das wird so lustig sein: Du wirst 500 Millionen Schellen haben. Ich werde 500 Millionen Brunnen haben."
Und auch er schwieg, weil er weinte.
"Da ist es. Lass mich einen Schritt ganz allein tun" und er setzte sich, weil er Angst hatte. Er sagte noch: „Du weißt, meine Blume ... ich bin für sie verantwortlich! Und sie ist so schwach. Und sie ist so kindlich. Sie hat vier Dornen, die nichts taugen, sie gegen die Welt zu schützen."
Ich setzte mich, weil ich mich nicht mehr aufrecht halten konnte.
Er sagte: „Das ist alles." Er zögerte noch ein bisschen, dann erhob er sich. Er tat einen Schritt. Ich konnte mich nicht rühren.

Es war nichts als ein gelber Blitz bei seinem Knöchel. Er blieb einen Augenblick reglos. Er schrie nicht. Er fiel sachte, wie ein Blatt fällt. Ohne das leiseste Geräusch fiel er in den Sand.

Antoine de Saint-Exupéry
(1900 - 1944)

Die zwei Parallelen

Es gingen zwei Parallelen
ins Endlose hinaus,
zwei kerzengerade Seelen
und aus solidem Haus.

Sie wollten sich nicht schneiden
bis an ihr seliges Grab.
Das war nun einmal der beiden
geheimer Stolz und Stab.

Doch als sie zehn Lichtjahre
gewandert neben sich hin,
da ward dem einsamen Paare
nicht irdisch mehr zu Sinn.

Waren sie noch Parallelen?
Sie wußtens selber nicht.
Sie flossen nur wie zwei Seelen
zusammen durch ewiges Licht.

Das Ewige Licht durchdrang sie,
da wurden sie eins in Ihm;
die Ewigkeit verschlang sie
als wie zwei Seraphim.

Christian Morgenstern
(1871 - 1914)

Zwischen Ein- und Ausatmen

„Ich begriff, daß in der Sprache, oder doch mindesten im Geist des *Glasperlenspiels* tatsächlich alles allbedeutend sei, daß jedes Symbol und jede Kombination von Symbolen nicht hierhin oder dorthin, nicht in einzelnen Beispielen, Experimenten und Beweisen, sondern ins *Zentrum*, ins Geheimnis und Innerste der Welt, ins Urwissen führe. Jeder Übergang von Dur zu Moll in einer Sonate, jede Wandlung eines Mythos oder eines Kultes, jede klassische, künstlerische Formulierung sei – so erkannte ich im Blitz jenes Augenblicks, bei echter meditativer Betrachtung, nichts anderes als ein unmittelbarer Weg ins Innere der Weltgeheimisse, wo im Hin und Wider, zwischen Ein- und Ausatmen, zwischen Himmel und Erde, zwischen *Yin und Yang*, sich ewig das Heilige vollzieht ..."

Hermann Hesse
(1877 - 1962)

Der Himmel kommt zur Erde:
Universelles Mitgefühl

Jesus sagte auf Aramäisch
– in seiner Muttersprache –
DAS VATERUNSER (Teil 4):

"Dein Eines Verlangen
wirkt dann in unserem
wie in allem Licht,
so in allen Formen.

Lass alle Willen in Deinem
Spiralkreis gemeinsam
sich bewegen, wie Sterne
und Planeten durch den Himmel
kreisen.

Hilf uns zu lieben,
wo unsere Ideale enden,
und lass Handlungen
des Mitgefühls erwachsen
für alle Kreaturen.

Laß Himmel und Erde
eine neue Schöpfung bilden,

indem wir Deine Liebe
in der unseren entdecken.

Vereine die vielen Teile in uns
in einer Vision von leidenschaftlicher
Entschlossenheit;
Licht paart sich mit Form.

Erschaffe in mir eine göttliche
Zusammenarbeit
von vielen Ich's: eine Stimme,
eine Handlung.

Möge der brennende Wunsch
Deines Herzens
Himmel und Erde vereinen
durch unsere Harmonie.

Dein eines Verlangen
wirkt dann in unserem
wie in allem Licht,
so in allen Formen. "

(In der Lutherbibel:
„Dein Wille geschehe
wie im Himmel so auf Erden.")

Meine Toten

Wer eine ernste Fahrt beginnt,
die Mut bedarf und frischen Wind,
er schaut verlangend in die Weite
nach eines treuen Auges Brand,
nach einem warmen Druck der Hand,
nach einem Wort, das ihn geleite.

Ein ernstes Wagen heb ich an:
So tret ich dann zu euch hinzu,
Ihr meine strengen, stillen Toten;
ich bin erwacht an eurer Gruft,
aus Wasser, Feuer, Erde, Luft,
habt eure Stimme mir geboten.

Wenn die Natur in Hader lag,
und durch die Wolkenwirbel brach
ein Funke jener tausend Sonnen,
spracht aus der Elemente Streit
Ihr nicht von einer Ewigkeit
und unerschöpften Lichtes Bronnen?

Am Hange schlich ich, krank und matt,
da habt Ihr mir das welke Blatt
mit Warnungsflüstern zugetragen,

gelächelt aus der Welle Kreis,
habt aus des Auges starrem Eis
die Blumenaugen aufgeschlagen.

Was meine Adern muß durchziehn,
sah ich's nicht flammen und verglühn
an eurem Schreine nicht erkalten?
Vom Auge hauchtet ihr den Schein,
Ihr, meine Richter, die allein
in treuer Hand die Waage halten.

Kalt ist der Druck von eurer Hand,
erloschen eures Blickes Brand,
und euer Laut, der öde Odem.
Doch keine andre Rechte drückt,
so traut, so hat kein Aug geblickt,
so spricht kein Wort, wie Grabesodem!

Ich fasse eures Kreuzes Stab,
und beuge meine Stirn hinab
zu eurem Gräserhauch, dem stillen,
zumeist geliebt, zuerst gegrüßt,
laßt, lauter wie der Äther fließt,
mir Wahrheit in die Seele quillen.

Annette von Droste-Hülshoff
(1797 - 1848)

Leben aus dem Geiste

"Der Mensch ist kein Kind der Materie,
kein Opfer und Sklave dieses Blendwerks:
Er ist – als Gottmensch – unvergänglich
    und ewig,
ein unsterblicher Geist, der war,
    bevor die Materie ward
und die sichtbare Welt, die nicht Mutter
    und Amme des Geistes ist,
sondern sein Werk und Gespinst.

Erkenne diese Wahrheit im Gleichnis:
Nicht der Kokon, das Gespinst der Puppe,
    ist das erste, aus dem
die Seidenraupe hervorgeht,
    sondern die Raupe ist es,
die den Faden des Kokons spinnt,
in den der Seidenspinner sich hüllt,
bis er als Schmetterling entschlüpft ...

Gleichermaßen der Geist des Menschen:
Er ist es, der den Gedankenfaden spinnt,
bis mit Hilfe der Eltern der Kokon des
    materiellen Körpers geschaffen ist,
in den er, der Geist, sich einhüllt und bettet,
    bis er zu sich selbst erwacht –

seines Eigenseins und Leid-Überlegen-Seins
     bewußt wird ...
wie der Kokon nicht der Seidenspinner ist,
so ist der Körper nicht der wirkliche Mensch,
sondern nur seine vergängliche Hülle
     und vorübergehende Wohn- und Wirkstatt,
und wie der Seidenspinner zu seiner Zeit
     den Kokon zerbricht und als Schmetterling
     ausschlüpft und davon fliegt,
so zerbricht und verlässt der Geist
     zu seiner Zeit des Leibes Kokon
     und schwingt sich empor
     in die geistige Welt, seine wirkliche Heimat.

        aus: Das Heilige Sutra von Seicho-No-Ie

Dr. Masaharu Taniguchi
(1893 - 1985)

Kommt der Tod am Lebensende

„Kommt der Tod am Lebensende
  tritt an deine Tür,
was wirst du ihm schenken, welche Gabe?
  Ich werde mein Leben
  erfüllt und gereift IHM geben!

Mein Geschenk wird nicht wertlos sein,
kommt der Tod an meine Tür,
  tausend Herbst- und Frühlingsnächte
tausendmal das Abendrot,
  tausendmal das Morgendämmern
haben tausendfach die Schauer des Glücks
  in mein Leben gegossen.
  Mit tausend Früchten, tausend Blüten
  ist erfüllt mein Herz,
berührt vom Helldunkel der Freude
  und vom Schmerz.

Was ich gesammelt, all meine Schätze,
  das Werk so langer Zeit.
Am letzten Tag geb ich es wohlgeordnet ab
  Ich bin bereit –
  kommt der Tod an meine Tür.“

Gitanjali 114

Rabindranath Tagore
(1861 - 1941)

Wenn ein jeder
eine Blume pflanzte

Wenn ein jeder eine Blume pflanzte,
jeder Mensch auf dieser Welt,
und anstatt zu schießen, tanzte
und mit Lächeln zahlte, statt mit Geld.

Wenn ein jeder einen andern wärmte,
keiner mehr den andern schlüge,
keiner mehr von seiner Stärke schwärmte,
keiner mehr von den andern schlüge,
keiner sich verstrickte in der Lüge,

wenn die Alten wie die Kinder würden,
sie sich teilten in den Bürden,
wenn dies „Wenn" sich leben ließ,
wärs noch lang kein Paradies –

bloß die „Menschenzeit" hätt angefangen,
die in Streit und Krieg uns beinah ist
vergangen.

Peter Härtling
(geb. 1933)

Der Weihnachts-Stern

Im frostigen Winter war eine Gegend,
gewöhnt an Glut,
mehr als an Kälte, an Fläche mehr
als an Berge – offenbar gut
für die Geburt des Kindes,
das kam zu retten die Welt.
> *Der Schnee fiel in solchen Mengen,*
> *wie er in der Wüste fällt.*
Dem Neugeborenen kam alles gewaltig vor,
> *die Brust der Mutter,*
> *die Nüstern des Ochsen,*
> *Kaspar, Melchior, Balthasar und*
> *deren Geschenke, die man hereintrug.*
Den Kern bildete das Kind selber
und das war der STERN.
Aufmerksam, ohne zu zwinkern
durch Wolken, die dünn und vag,
hat von fern auf das Kind,
das da in der Krippe lag,
vom anderen Ende des Kosmos,
kaum wahrnehmbar,
> *Der Stern in die Höhe geschaut –*
> *der das AUGE DES VATERS war.*

Joseph Brodsky
(geb. 1987)

Das Abendmahl

Sie sind versammelt, staunende Verstörte,
um IHN, der wie ein Weiser sich beschließt
und der sich fortnimmt denen er gehörte
und der an ihnen fremd vorüber fließt.
Die alte Einsamkeit kommt über ihn,
die Ihn erzog zu seinem tiefsten Handeln,
nun wird er wieder durch den Ölwald wandeln,
und die ihn lieben, werden vor Ihm fliehn.

Er hat sie zu dem letzten Tisch entboten
und (wie ein Schuß die Vögel aus den Schoten
scheucht), scheucht ER ihre Hände aus den Broten
mit seinem WORT; sie fliegen zu IHM her;
Sie flattern bange durch die Tafelrunde und
suchen einen Ausweg. Aber ER ist überall
wie eine Dämmerstunde.

Rainer Maria Rilke
(aus dem „Buch der Bilder", 1903)

Weisheits-Spuren

Die west-östliche Weisheit beinhaltet den Kern aller spirituellen Wege und ist vom Wissen gespeist, daß alle der gleichen Grundstruktur folgen.

Jeder wahre, spirituelle Weg führt vom Berg der Erfahrung zurück in den Alltag und zum Mitmenschen. Es ist ein Weg der Weisheit, Liebe und des Mitgefühls.

Der Tod ist die Vollendung unserer Geburt, wir fügen uns nicht dem Tod, wenn wir sterben. Wir fügen uns in den Fortgang des Lebens, das kein Verweilen kennt.

Willigis Jäger
(geb. 1925)

Komme, was mag!

Gott ist mächtig!
Wenn unsere Tage
verdunkelt sind
und unsere Nächte
finsterer als tausend
Mitternächte –
so wollen wir stets
daran denken,
daß es in der Welt
eine große segnende
Kraft gibt,
die GOTT heißt.

Gott kann Wege aus
der Ausweglosigkeit
weisen –
ER will das dunkle Gestern
in ein helles Morgen
verwandeln –
zuletzt in den leuchtenden
Morgen der Ewigkeit.

Martin Luther-King
(1929 - 1968)

Nach-Wort

„Lieber Gast auf Erden",
liebe Seele,

es freut mich, daß Sie mein neues spirituelles Lesebuch in Händen halten. Sicher haben Sie in diesem Begleitbuch für Ihre Lebensreise das eine oder
andere Wort oder manche Textstelle gefunden,
die Ihr Inneres berührt hat; vielleicht gab sie auch
Kraft, Trost und Mut zum Weitermachen.

Ich wünsche Ihnen inmitten des Alltagstress einer
sich wandelnden Welt, daß Sie sich bisweilen Ruhe
gönnen und Stille finden zum Verweilen – um immer mehr zur eigenen Mitte zu finden und so auch
zu bestehen in diesen bewegten Zeiten.

Lassen Sie sich leiten von Ihrer inneren Stimme;
hören Sie auf ihren hellen Klang – er führt Sie
nicht in die Irre, sondern mit Sicherheit ins Licht!

Jeder so bewusst gelebte Augenblick bringt Sie voran; zu sich selbst und zurück in unsere geistige Heimat über den Sternen!

Herzlich!

Ihre Autorin vom Bodensee
Lindau-Insel, Allerseelen 2008

Quellenhinweis

Quellenhinweis Bild:

Farbiger Cover-Entwurf von Liselott Musil, Lindau, unter Verwendung eines Fotos vom Barmherzigen Buddha, der in Kyoto verehrt wird.

Die **Schmetterlinge** und eine **Raupe** sind alte Kupferstiche aus dem 18. Jahrhundert (Archiv).

Abbildungen s/w: Die 4 ganzseitigen Holzschnitte stammen aus China und sind dem Piper-Gedichtbändchen „Herbstlich helles Leuchten überm See", München 1955, entnommen.

Die **Vignetten** innerhalb des Buchblocks sind alte japanische Tuschzeichnungen aus der Manesse-Bibliothek Zürich „Tanka und Haiku aus dreizehn Jahrhunderten".

Weitere Abbildungen Archiv Musil.

Quellenhinweis Texte (in ihrer Reihenfolge):

Hazrat Inayat Khan Sufimeister (1882 - 1927) „Der erste Schrei" aus „Wanderer auf dem inneren Pfad", Verlag Heilbronn 1996.

Chief Crow Food (Indianer-Häuptling) „Was ist das Leben" aus „Nutz die Augenblicke", indische Weisheiten.

Adonis (Ali Ahmed Said) (geb. 1930 in Sydney) „Anfang des Lebens", übersetzt von Suleman Tanfis, geb. 1954, im dtv Verlag München, 2004.

Hermann Hesse (1877 - 1962) „Märzsonne" aus dem Insel-Taschenbuch (385) „Hermann Hesse – Schmetterlinge", 1975.

Kalima Vogt (geb 1943) Malerin, Dichterin, Philosophin, „Mehr als die Erde" aus dem Weleda-Kunstkalender 2008.

Dr. h.c. Masaharu Taniguchi (1893 - 1985) japan. „Neugeistler", Lebensberater und Geistlehrer, Begründer der „Sei-No-le" Lehre und Bewegung, Autor von über 500 Werken. „Über die kosmische Ordnung" aus seinem Buch "Die Hochschule des Glücklichseins und Glücklichwerdens", Herausgegeben 2001 Seicho-No-Ie Freundeskreis in Deutschland e.V., übersetzt von E. Falk im Hermann Bauer Verlag, Freiburg/Br.

Taizen Deshi-Roshi japan. Zen-Meister, wirkte in Frankreich und Europa, wo er 1979 verstarb. Der Beitrag „Die gemeinsame Wurzel" ist seinem Buch „Die Praxis des Zen", Kristkreuz-Verlag, Berlin, entnommen (vergriffen).

Paramhansa Yogananda (1893 - 1952) Schüler von Meister Yuktesvar, lehrte den „Kriya-Yoga", Inder, lebte in Los Angeles in einer Mönchsbruderschaft, Dichter und Musiker, Gedicht „Heute spricht mein Geist".

Monika Taubitz, (geb. 1937) Meersburger Dichterin und Herausgeberin der Anthologie „Schön wie der Mond", Regio Verlag Gloch und Lutz, Sigmaringendorf 1988. Beitrag „Die leere Zeile".

José Ortega y Gasset (1883 - 1953) franz. Philosoph. „Sich selber finden" aus „Berührt vom Engel der Achtsamkeit", Kreuz Verlag 2005, Stuttgart.

Christine Steger (geb. 1946) Dichterin, „Die Stunde X" aus dem Ausstellungskatalog des kriegsblinden Bildhauers Walter Richter 2006 im Hospiz-Gewölbesaal Heilig Geist, Lindau/D.

Sant Thakar Singh (1929 - 2005) Meister des Sant Mat und Nachfolger von Sant Kirpal Singh. „Lernt, wie man glücklich wird", dem Band „Wenn die Seele zu leben beginnt" entnommen, 2005 Edition Naam, Augsburg.

Maria Bierbaum (1897 - 1985), bekannte Schwabinger Dichterin, nach dem zweiten Weltkrieg Gründungsmitglied der „Gruppe 7", Lyrikerin, Erstveröffentlichung Gedicht „Sehnsucht".

Drei Tanka (Gedichte aus dem 13. Jahrhundert) Manesse Bibliothek Zürich.

Hermann Hesse (1877 - 1962) „Gleichnis" aus dem Insel-Taschenbuch 385 „Schmetterlinge".

Liselott Musil (geb. 1927) Redakteurin, Schriftstellerin, ehem. Hörfunk-Redakteurin des Bayerischen Rundfunks (BR), Herausgeberin spiritueller Lesebücher bei BoD, Gedicht „Träumereien im Park" (bei der Pagodenburg) 2008.

Sacimata (= Liselott Musil) „Auf einen Pfau", Erstveröffentlichung bei Realis Verlag, Gräfelfing, Sammelband XI 2008.

Dschuang Dsi (um 300 v. Chr.) chines. Weisheitslehrer „Der Schmetterlingstraum" aus „Südliches Blütenland", übersetzt von

Richard Wilhelm 1912, in Deutsch 1972 in der Gelben Reihe bei Diederichs, Düsseldorf.

Linde Thylman (geb. 1932) „Der große Falter", ihren Nacherzählungen aus dem Orient entnommen, Herderbücherei 1977 (Herausgeber Thomas und Gertrud Sartor).

Chao-Hsiu Chen geboren in Taiwan, Malerin, Dichterin, Musikerin, „Innerer Reichtum" aus „Vom Geheimnis des inneren Reichtums", Patmos Verlag 2004.

Mahatma Gandhi (1861 - 1948) indischer Rechtsanwalt und gewaltloser Freiheitskämpfer, wurde 1948 während eines Vortrags erschossen. Beitrag „Die innere Stimme" dem Band „Aus der Tiefe des Herzens", beim Benziger Verlag Zürich-Düsseldorf, entnommen, 1999.

Kalima Vogt (geb. 1943) „Wer ich bin" aus dem Weleda-Kunstkalender 2008.

Pater Anselm Grün (geb. 1945) Benediktiner-Mönch und Schriftsteller Kloster Münsterschwarzach „Lichtträger der Hoffnung", Herder 2005.

Dom Helder Camara (1909 - 1999) Brasilianischer Bischof, bekannt durch seinen Einsatz für die ärmsten der Armen, Mitternachts-Meditationen. „Auf unseren Straßen". Aus dem Buch „Mach aus mir einen Regenbogen", Pendo-Verlag, Zürich, dt. Ausgabe 1981.

Li Tai Bo (703 - 763) „Am Gipfel-Kloster", Tanka Dichter aus dem Manesse-Büchlein der Weltliteratur „Japan. Jahreszeiten aus dreizehn Jahrhunderten", Manesse-Verlag, Zürich.

Sacimata (= Liselott Musil) „Begegnung" 1976.

Christian Morgenstern (1871 - 1914) „Heimweh der Seele" (Werke).

Hazrat Inayat Khan (1822 - 1927) Sufi-Meister, „Weg in die Rückkehr", aus „Wanderer auf dem inneren Pfad", Verlag Heilbronn, 1996.

Maria Bierbaum (1897 - 1985) Lyrikerin, Nachfahrin von Otto Julius Bierbaum „Zwei Gesänge an den Cherub" aus ihrem Zyklus „11 Gesänge an den Cherub" 1970.

Sacimata (=Liselott Musil) „Das Unbegreifliche – Azynthia", eine Vision 1974.

Paul Gerhard (1607 - 1676) „Ich bin ein Gast auf Erden", gekürzte Fassung aus den Liedertexten „Dein Gang ist lauter Licht", Thomas-Verlag Leipzig, 1999.

Christian Morgenstern (1871 - 1914) „Niemanden hassen", aus einem Sammelband des Dichters (Piper).

Joachim Ringelnatz (1883 - 1934) „Und auf einmal steht es neben Dir" aus „Gedichte – Gedichte", Lizenzausgabe des Karl H. Henssel Verlags Berlin für Bertelsmann-Gütersloh.

Antoine de Saint-Exupéry (1900 - 1944) „Gott kommt wie ein Hauch aus „Lichtgrüße vor der unendlichen Nacht". 1989 für Langen-Müller, München.

Friedrich Hebbel (1813 - 1963) „Ich sah des Sommers letzte Rose" (Gesammelte Werke).

Hans Christian Andersen (1805 - 1875) „Eine Rose vom Grabe Homers", aus dem Insel-Taschenbuch Bd. I 133, Insel-Verlag 1973 (aus dem Dänischen von Eva Maria Blühm).

Bruce H. Lipton PhD (geb. 1944) amerik. Zellbiologe, „Das Geheimnis des Lebens" aus der Neuerscheinung in deutsch, Koma-Verlag, Burgrein 2008 „Intelligente Zellen".

Sant Baljit Singh (geb. 1962) Nachfolger von Sant Thakar Singh. „Warum denkt Ihr nicht daran" aus dem Magazin für Spirituelles Leben „TrueLight" 3/2008.

Pater Anselm Grün (geb. 1945) „Beruhige dein Herz" aus „Jeder Tag ein Weg zum Glück", Verlag Herder Freiburg 2005.

Ulrich Schaffer (geb. 1943) „In einer schnellen Zeit" aus „Bewußt und lebendig", Herder Spektrum 2004.

Pater Anselm Grün (geb. 1945) „Immer wieder alles loslassen" aus „Jeder Tag ein Weg zum Glück".

Liselott Musil (geb. 1927) „Der Tod eines Schmetterlings" - Eine wahre Geschichte – Eine Erinnerung.

Hermann Hesse (1877 - 1962) „Wie eine Welle" aus „Lied des Lebens", die schönsten Gedichte von H. Hesse, Suhrkamp Frankfurt/M. 1980.

Antoine de Saint-Exupéry (1900 - 1944) – von einem Nachtflug nicht heimgekehrt „Das Wesentliche ist für die Augen unsichtbar" aus „Le petit prince", Paris 1946, deutsch bei Karl Rauch, Kornwestheim.

Christian Morgenstern (1871 - 1914) „Die zwei Parallelen" aus „Alle Galgenlieder", Insel-Verlag 1950.

Hermann Hesse (1877 - 1962) „Zwischen Ein- und Ausatmen", Zitat aus seinem „Glasperlenspiel", Suhrkamp 1979.

Jesus sagte (auf aramäisch) „Der Himmel kommt zur Erde, DAS VATERUNSER", Teil 4, Neuübersetzung von Neil Douglas-Klotz, Knaur-MensSano 1992.

Annette von Droste-Hülshoff (1797 - 1848) „Meine Toten" aus „Der Todesengel" (sämtl. Werke), Artemis/Winkler Verlag, München-Zürich 1989.

Dr. h.c. Masaharu Taniguchi (1893 - 1985) „Leben aus dem Geiste", Auszug aus „Leben aus dem Geiste – Glaube an dich und deine Kraft", Schirmer Verlag, Darmstadt 2007 (Übersetzer K.O. Schmidt).

Rabindranath Tagore (1861 - 1941) „Kommt der Tod am Lebensabend" (Gitanjali 114) aus „Am Ufer der Stille" Patmos, Düsseldorf 2008.

Peter Härtling (geb. 1933) „Wenn ein jeder eine Blume pflanzte", aus dem evang. Gesangbuch, Bayern.

Joseph Brodsky (1940 - 1996) „Der Weihnachts-Stern aus „Weihnachtsgedichte" Russisch-deutsch, übersetzt von Alexander Huzberg, Carl Hanser Verlag München 2008.

Rainer Maria Rilke (1875 - 1926) „Das Abendmahl", 1903 aus „Das Buch der Bilder", Gesammelte Werke, Insel-Verlag.

Willigis Jäger (geb. 1925) Benediktiner- und Zen-Meister, „Weisheits-Spuren" aus dem spir. Jahresbegleiter, Kösel München 2008.

Martin Luther King (1929 - 1968) „Komme was mag", amerik. Pastor und gewaltloser Freiheitskämpfer für die Gleichberechtigung der schwarzen Bevölkerung in den USA. 1968 wurde ihm der Friedensnobelpreis verliehen. Im selben Jahr wurde er bei einer friedlichen Demonstration erschossen.

Dank

meinen Seelenverwandten, die mir bei der Realisation des neuen spirituellen Lesebuchs „Schmetterlinge sind meine Gedanken" – über Geburt und Tod und Verwandlung – fachkundig mit Rat und Tat zur Seite standen.
DANK
den Verlegern, die mir zur Veröffentlichung einiger Beiträge die Abdruckerlaubnis erteilten. Die einzelnen Textstellen sind im Quellenhinweis dem Inhaltsverzeichnis entsprechend aufgeführt.
DANK
der kosmischen Barmherzigkeit in Ost und West zur Absegnung und zur Freude meiner Leserschaft.

Namasté – Shalom!

LISELOTT SACIMATA MUSIL 2008/2009, LINDAU/B.

Index

A

Abendmahl 91
Adonis (Ali Ahmed Said) 14
Am Gipfel-Kloster 45
Andersen, Hans Christian 65
Anfang des Weges 14
Auf einen Pfau 34
Auf unseren Straßen 44

B

Begegnung 50
Beruhige Dein Herz 69
Bierbaum, Maria 26, 54
Brodsky, Joseph 90

C

Camara, Helder Dom 44
Chao-Hsiu, Chen 40
Crowfood, Chief 13

D

Das Geheimnis des Lebens 66
Das Unbegreifliche 55
Das Wesentliche ist für die Augen unsichtbar 78
Der erste Schrei 12
Der große Falter 36
Der Himmel kommt zur Erde 82

Deshimaru-Roshi, Taizen 20
Dieser klare Bach 27
Die gemeinsame Wurzel 20
Die innere Stimme 41
Die leere Zeile 22
Die Stunde X 24
Die zwei Parallelen 80
Droste-Hülshoff, Annette von 85
Dschuang Dsi 35

E

Eichendorff, Joseph von 29
Eine Rose vom Grabe Homers 63
Es ist meine Hoffnung 9

G

Gandhi, Mahatma 41
Gasset, José Ortega y 23
Gerhardt, Paul 58
Gleichnis 30
Gott kommt wie ein Hauch 61
Grün, Anselm Pater 43, 69, 73

H

Härtling, Peter 89
Hebbel, Friedrich 62
Heimweh der Seele 51
Hesse, Hermann 15, 30, 77, 81
Heute spricht mein Geist 21

I

Ich bin ein Gast auf Erden 57

Ich sah des Sommers letzte Rose 62
Immer wieder: alles loslassen 73
Im Innern der Reife 11
Indianische Weisheit 13
Inneren Reichtum 40
In einer schnellen Zeit 72

J

Jäger, Willigis 9, 92

K

Khan, Hazrat Inayat 12, 52
Kökei, Ban 27
Komme, was mag 93
Kommt der Tod am Lebensende 88

L

Lasker-Schüler, Else 46
Leben aus dem Geiste 86
Lernt, wie man glücklich wird 25
Licht-Träger der Hoffnung 43
Lipton, Bruce H. 67
Li Tai Bo 45
Luther-King, Martin 93
Lutherbibel 83

M

Märzsonne 15
Mehr als die Erde 16
Meiji, Kaiser 27
Meine Toten 84
Morgenstern, Christian 51, 59, 80
*Musil, Li*selott 33, 76. *Siehe auch* Sacimata

N

Naobumi, Ochlai 27
Niemanden hassen 59
Novalis 49
Nutze die Augenblicke der Stille 13

O

Ob er noch so fern 27

R

Rilke, Rainer Maria 11, 91
Ringelnatz, Joachim 60

S

Sacimata 34, 50, 56. *Siehe auch* Musil, Li
Saint-Exupéry, Antoine de 59, 79, 61
Schaffer, Ulrich 71, 72
Schläft ein Lied in allen Dingen 29
Schließ um mich Deinen Mantel fest 46
Schmetterlingstraum 35
Sehnsucht 26
Sich selber finden 23
Singh, Sant Baljit 68
Singh, Sant Thakar 25
Steger, Christiane 24
Suche in stürmischen Zeiten 71

T

Tagore, Rabindranath 88
Taniguchi, Masaharu 19, 87
Tanka 27
Taubritz, Monika 22

Thylmann, Linde 39
Tibet 71
Tod eines Schmetterlings 74
Träumereien im Park 31

U

Über die kosmische Ordnung 17
Und auf einmal steht es neben dir 60

V

Vogt, Kalima 16, 42

W

Warum denkt ihr nicht daran 68
Was ist das Leben 13
Was ist die Rückkehr 52
Weihnachts-Stern 90
Weisheits-Spuren 92
Wenn auch nur ein Mensch 27
Wenn ein jeder eine Blume pflanzte 89
Wer ich bin 42
Wie eine Welle 77
Wohin gehen wir 49

Y

Yogananda, Paramhansa 21

Z

Zwei Gesänge an den Cherub 53
Zwischen Ein- und Ausatmen 81

Weitere spirituelle Lesebücher
von Sacimata Musil bei BoD

Liebe Dein Leben –
Abenteuer des Geistes
152 Seiten, 21 Abbildungen, 4 Fotos
ISBN 978-3-8334-6815-5

Liebe Dein Leben II –
Finde Frieden und Freude in dir selbst
112 Seiten, 16 Abbildungen, 7 Fotos
ISBN 978-3-8334-8811-5

Books on Demand (BoD) GmbH
Norderstedt
http://www.bod.de

ICH über mich…

Ich wurde in der Walpurgisnacht 1927 in einem oberbayerischen Dorf geboren. Kindheit und Jugend erlebte ich während des zweiten Weltkriegs in Bayern. Meinen Eltern verdanke ich die Hinwendung zur Kultur, Liebe zur Natur, Literatur und Kunst. Nach einem Grafikstudium in Augsburg studierte ich an der ‚Meisterschule für Buchdruck' in München weiter, volontierte und arbeitete als Buchherstellerin in namhaften Verlagen in Heidelberg und München.

Redaktionell erlebte ich meine journalistischen Gehversuche in der alten historischen Schwabinger ‚Szene'. Dies mündete in eine elf Jahre währende Schriftleitung einer angesehenen Werkzeitung in der Industrie. Einer Ausschreibung des BR-Hörfunks zufolge wurde ich Programmgestalterin beim Münchner Kinderfunk. Nach sechs Jahren wurde ich freischaffend, gab Kinderbücher heraus, davon drei eigene (Verlage Goldmann, Ludwig Auer, Pustet), schrieb, malte und studierte durch eine schicksalhafte Fügung esoterische Astrologie und Kabbala. Etwa zweiundzwanzig Jahre hatte ich eine Praxis für Lebensberatung. Indienreisen und Ashramaufenthalte weckten meine Sehnsucht, bewusst meinen Weg nach innen zu suchen und das Ziel meines Lebens zu finden.

Zu meiner irdischen Wahlheimat sollte die Bodensee-Insel Lindau werden. Nun lebe ich positiv denkend bereits fünf Jahre da und die unendliche Weite der Landschaft wirkt inspirierend auf mich – darin sind sich viele kreative Senioren und Individualisten einig.

So sind mit dem vorliegenden Büchlein über Geburt und Tod und Verwandlung nun drei Lebensbücher als Wegbegleiter für Gottsucher entstanden und im Autorenverlag BoD herausgekommen.

„Enjoy!" war das Lieblingswort meines heimgegangenen spirituellen Meisters. „Lebe den Augenblick, das Jetzt."

Und doch gilt auch für mich in der Rückschau ein Blick in den Spiegel:

„Zu blauen Wolken trug mein Sehnen mich.
Mein Fuß ging fehl. Des Lebens Traum verblich.
Nun bin ich weiß. Heimlich im blanken Spiegel
bedauern sich mein Spiegelbild und
                              ICH!"